PABLO

Escrito por
Angela Shelf Medearis

Ilustrado por
Pat Cummings

Adaptado por
Vivian Cuesta

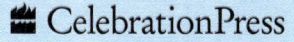

CelebrationPress
An Imprint of ScottForesman
A Division of HarperCollinsPublishers

Pablo había estado buscando comida todo el día.
—Es hora de ir a dormir —dijo él.

Cuando llegó a su cueva oyó un ruido dentro de la cueva. —¿Quién está ahí? —preguntó Pablo.

3

—¿Quién está ahí afuera? —respondió la voz dentro de la cueva.

—Soy yo, Pablo, y ésta es mi cueva —dijo Pablo.

—Yo soy Pedro. Y ésta es mi cueva —dijo Pedro.

—No, no es tuya —dijo Pablo—. Sal para afuera ahora mismo.

—No puedo salir —dijo Pedro—. Entra tú.

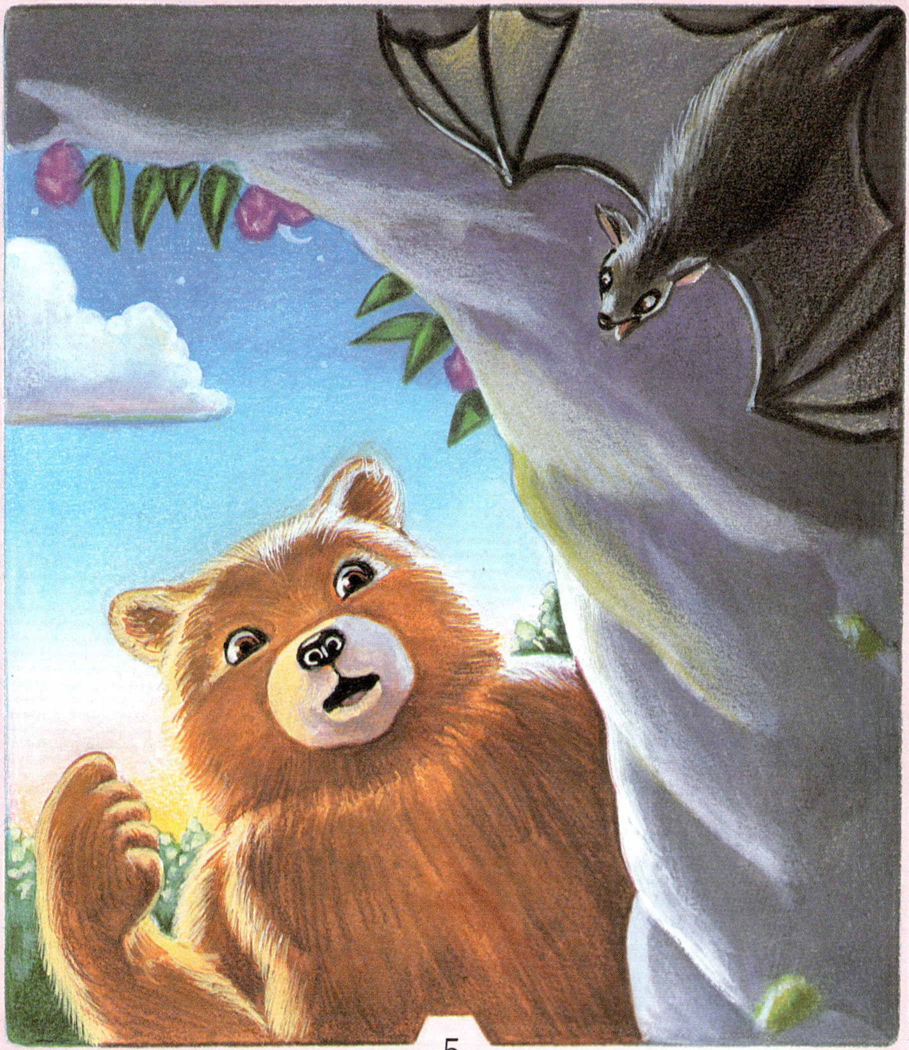

Pablo entró en la cueva pero no vio a nadie.

—Aquí estoy —dijo Pedro.

—¡Hola! —dijo Pablo mirando al techo—. ¿Qué estás haciendo allá arriba?

—Durmiendo. ¿Y qué haces tú allá abajo? —preguntó Pedro.

—Yo vivo aquí —dijo Pablo—. Ésta es mi cueva.

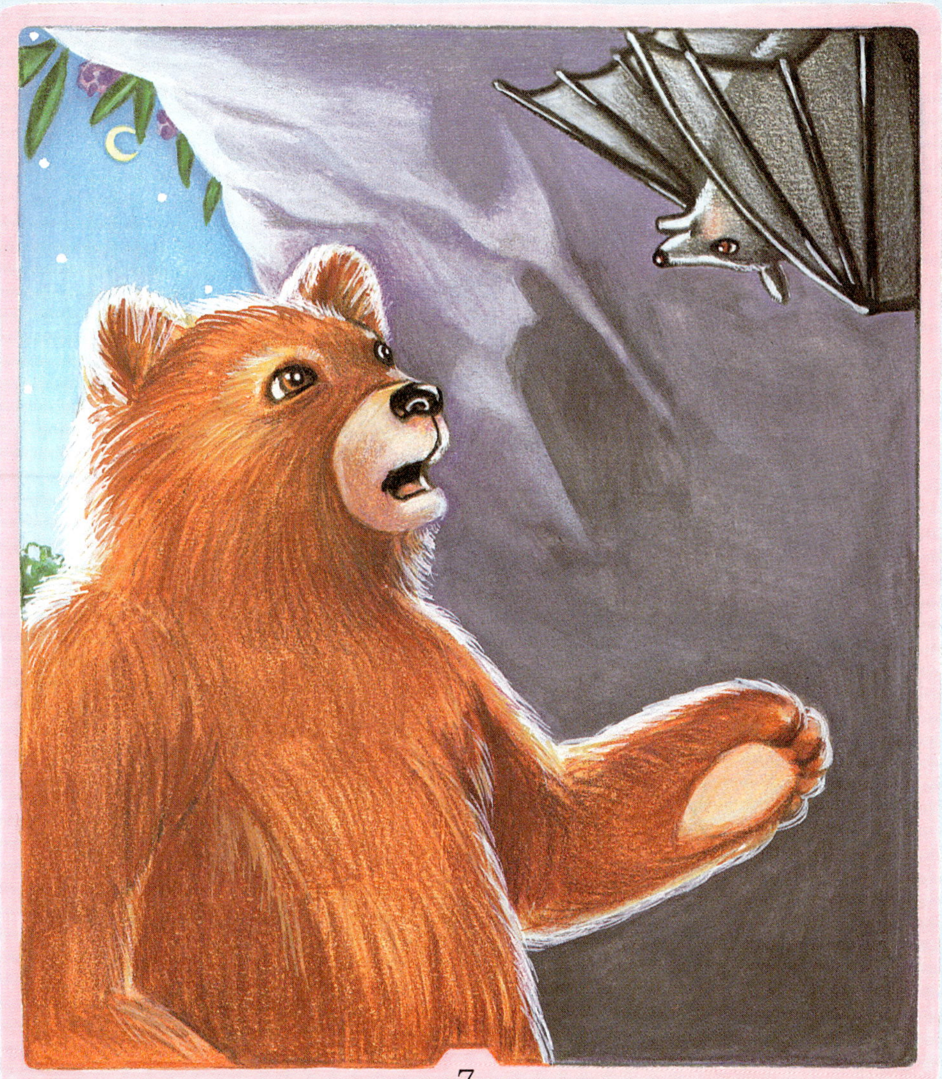

—Yo nunca te he visto aquí —dijo Pedro.

—Quizás sea porque yo sólo estoy aquí de noche —dijo Pablo—. Yo duermo de noche.

—Yo duermo durante el día —dijo Pedro—. Los murciélagos como yo salimos a comer sólo de noche.

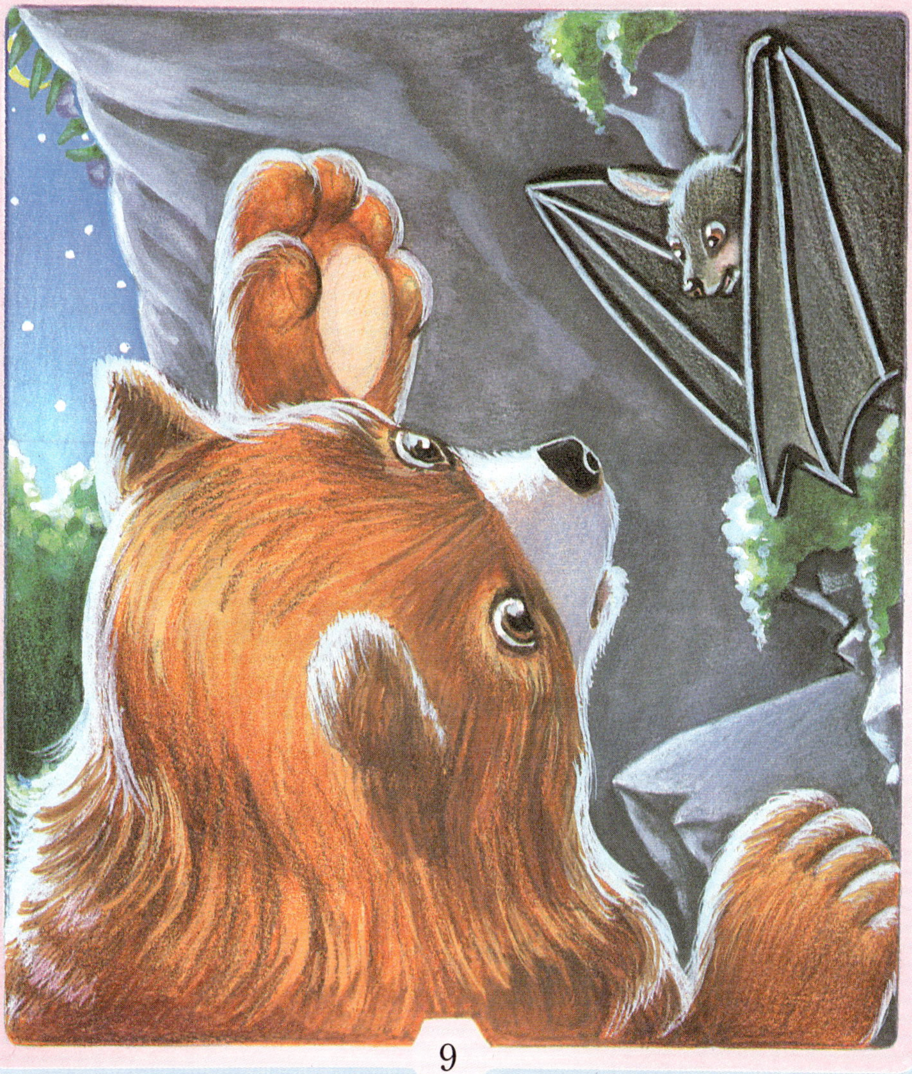

Pablo se tocó la nariz. Le dolía mucho.

—¿Qué le pasa a tu nariz? —preguntó Pedro.

—Las abejas no quisieron compartir su miel conmigo —dijo Pablo—. Una de ellas me picó.

11

Pedro bajó unos musgos frescos y verdes del techo de la cueva. Los puso sobre la nariz de Pablo.
—Gracias —dijo Pablo—. Me siento mucho mejor.

13

—Está oscureciendo —dijo Pedro—. Es hora de comer. También tengo que ir a buscar otro lugar para dormir.

—Espera —dijo Pablo—. ¿Por qué no compartimos la cueva?

—Buena idea —dijo Pedro—. Será tu cueva por la noche.

—Y será tu cueva por el día —dijo Pablo.

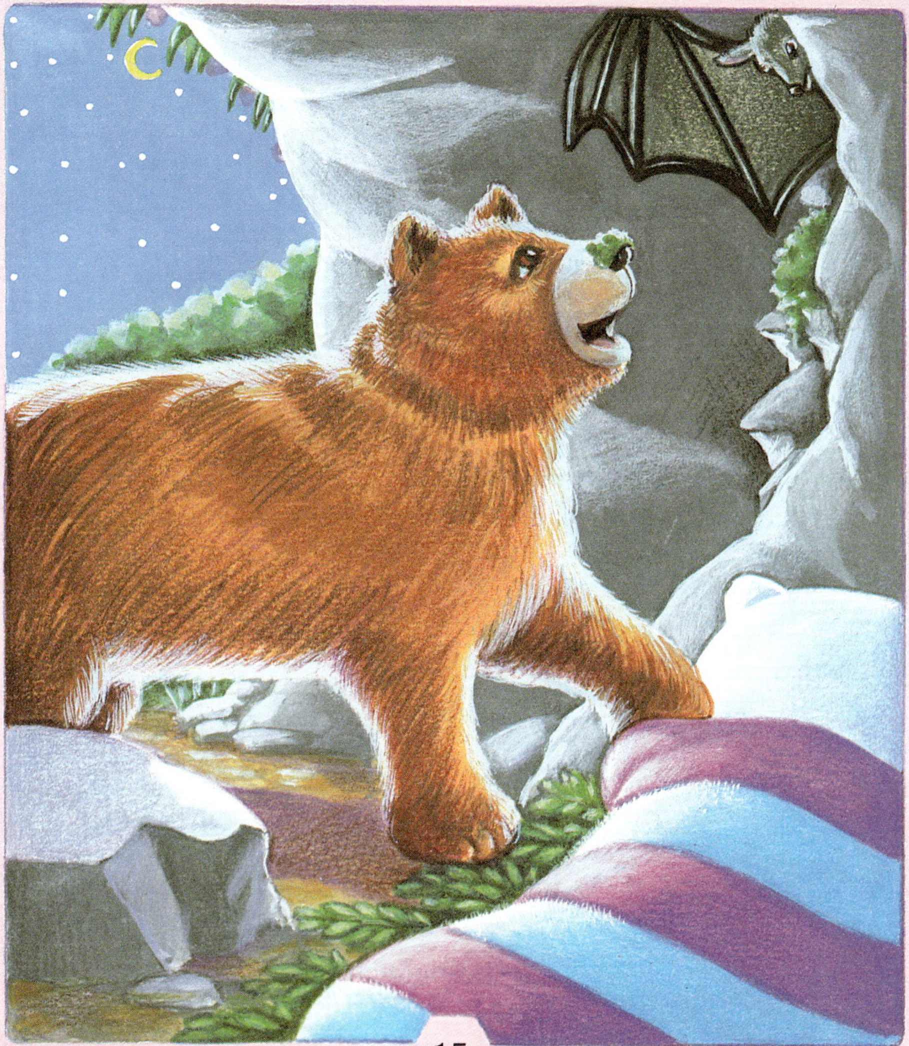

—Adiós y hasta mañana —dijo Pedro, y se fue volando en la noche.

—Buenas noches —dijo Pablo, y se acostó en su cueva.